1 x 1 der Buchführung

1x1 der Buchführung

Autoren

L. Clos ● L. Döring
C. Enders ● Y. Hieß
V. Merten ● N. Michel
J. Schröder ● T. Treder
J. Roßwurm ● M. Wagner
● K. Willnow

Impressum

Bibliografische Information der Deutschen Nationalbibliothek:

Die Deutsche Nationalbibliothek verzeichnet diese Publikation in der Deutschen Nationalbibliografie; detaillierte bibliografische Daten sind im Internet über http://dnb.dnb.de abrufbar.

© 2015 Herausgeber: Hans-Ulrich Daab

Herstellung und Verlag: BoD – Books on Demand, Norderstedt

ISBN: 978-3-7347-4744-1

Wir, die Klasse (11)B13 der Beruflichen Schule Untertaunus, hoffen das Euch unser Buch gefällt.

Wir bedanken uns bei unseren Lehrern Herrn Daab und Herrn Stockinger für Ihre tatkräftige Unterstützung.

Außerdem gilt unser Dank den beiden Firmen die uns unterstützt haben:

Ried Blitzschutz GmbH und
WERO-MEDICAL - Werner Michallik GmbH & Co. KG

Autoren:

L. Clos ● L. Döring ● C. Enders ● Y. Hieß ● V. Merten
N. Michel ● J. Schröder ● T. Treder ● J. Roßwurm
M. Wagner ● K. Willnow

Inhaltsverzeichnis

ii

Vorwort

Hallo,

mein Name ist Martha. Ich bin 19 Jahre alt und fange gerade die Ausbildung als Kauffrau für Büromanagement bei „Möbel-Monti GmbH" an.

Der erste Tag im neuen Betrieb, das kann ja was werden!

Ich war mir da ja nicht ganz so sicher. Freunde von mir, die die Ausbildung schon vor mir gemacht haben, warnten mich vor, dass dieser Beruf gerade im Bereich der Buchführung nicht leicht sein wird. Ich habe ja echt tolle Freunde, wenn die mir erst mal Angst machen…na was soll's, wird schon schief gehen!

Das Unternehmen, in dem ich arbeite scheint allerdings echt cool zu sein! Auf den ersten Blick bin ich begeistert, meine Kollegen sind nett und die Räumlichkeiten sind schön eingerichtet. Richtig zum Wohlfühlen…Meine Ausbilderin heißt Frau Klug und ist auch sehr freundlich, wenn irgendetwas ist, darf ich immer zu Ihr gehen, hat Sie gesagt.

Zunächst bin ich der Buchhaltung zugeteilt. Soweit ich weiß hat das was mit Mathe zutun… Lag mir eigentlich noch nie. Oh je, ob das so einfach ist? Obwohl Frau Klug gemeint hat, dass ich das ganz schnell verstehen werde.

Na ja, dann lasse ich mich einfach mal überraschen!

Auf dem Weg durch meine Ausbildung würde ich euch gerne mitnehmen.

Es werden bestimmt viele interessante Situationen kommen, von denen würde ich Euch gerne erzählen und vielleicht seid Ihr ja auch mal in so einer Lage?

So, jetzt aber genug erzählt!

Morgen beginnt mein erster Arbeitstag in der Buchhaltung, dafür muss ich ausgeschlafen sein.

Viel Spaß beim Lesen!
Ich hoffe, dass es Euch etwas weiter hilft.

Aufbau der Bilanz

„Ich habe bei der Inventur geholfen. Jetzt ist der 31. Dezember rum und ich möchte gerne wissen, für was ich die Bestände mitgezählt habe. Deshalb werde ich mir von Herr Heinrich alles erklären lassen", denkt Martha.

Herr Heinrich: „Hi Martha, wir sind jetzt mit der Bilanz fertig. Ich werde dir in den nächsten Tagen Schritt für Schritt zeigen, wie wir von der erledigten Inventur über das Inventar zur Bilanz kommen."

Ein Kaufmann ist verpflichtet Vermögen und Schulden seines Unternehmens festzustellen:

- Für den Schluss eines Geschäftsjahres (in der Regel 31. Dezember..)

- Bei Gründung oder Übernahme eines Unternehmens

- Bei Auflösung seines Unternehmens

Inventur:

Gegenstand	Ge- zählte Menge	Einzeln	Einzel- wert in Euro	Gesamt in Euro
Fuhrpark	5 Stück			420.000
PKW		2 PKW	25.000	
RÜD MM 222			20.000	
RÜD MM 333				
LKW		3 LKW		
RÜD MM 444			120.000	
RÜD MM 555			125.000	
RÜD MM 666			130.000	

Diese Inventur ist nur ein Beispiel zu einem Bestand (Fuhrpark), diese Gliederung wird für jeden Bestand des Unternehmens ausführlich dargestellt und dann in das Inventar eingetragen.

Inventur (Bestandsaufnahme):

Vermögensgegenstände und Schulden werden an einem Stichtag ermittelt und schriftlich jeweils einzeln nach ihrer Art (Bezeichnung), Menge (Stückzahl, nach Gewicht, Länge...) und Wert (in Euro) festgehalten. Es wird ein Inventurleiter ernannt und dieser erstellt einen genauen Aufnahmeplan.

Es gibt verschiedene Inventurarten die man benutzen kann.

Stichtaginventur: Es werden an diesem Tag alle Vermögensgegenstände und Schulden in der Regel 10 Tage vor oder nach dem Abschluss-Stichtag (31. Dezember..) gezählt werden.

Permanente Inventur: Es werden in einer Lagerkartei fortlaufend die Zu- und Abgänge der Bestände in Art und Menge festgehalten. Zum Abschluss-Stichtag kann der Bestand korrekt nachgewiesen werden. In einem Jahr muss zu einem beliebigen Zeitpunkt in der Lagerkartei ausgewiesene Bestände durch eine körperliche Bestandaufnahme überprüft werden.

Verlegte Inventur: Die Erfassung der Bestände wird entweder auf einen Zeitpunkt innerhalb der letzten 3 Monate vor oder der zwei ersten Monate nach Schluss des Geschäftsjahres verlegt.

Beachte: Bei der verlegten Inventur muss das Inventar zurück berechnet oder aufgerechnet werden, damit zum Ende des Geschäftsjahres die Inventur mit richtigen Werten dargestellt wird.

Stichprobeninventur: Aufgrund von Stichproben wird Mithilfe mathematisch-statistischer Methode der Bestand ermittelt.

Herr Heinrich: „ Das Ergebnis einer Inventur ist das Inventar."

„Also ist die Grundlage für die Bilanz das Inventar?", fragte Martha

„Richtig, in der Inventur werden alle Bestände ausführlich gegliedert und die Bilanz fasst diese Bestände zusammen. Ich zeige dir jetzt wie wir damit vorgehen.", antwortet Herr Heinrich

Inventar:

Eine genaue und ausführliche Aufstellung aller Vermögensgegenstände und Schulden.

	€	€
A. Vermögen		
<u>I. Anlagevermögen</u>		
1.Grundstücke und Bauten		<u>9.625.000,00</u>
2.Fuhrpark		
PKW RÜD MM 222	25.000	
PKW RÜD MM 333	20.000	
LKW RÜD MM 444	120.000	
LKW RÜD MM 555	125.000	
LKW RÜD MM 666	130.000	
		<u>420.000,00</u>
3.Technische Anlagen und Maschinen		<u>2.893.000,00</u>
4.Betriebs- und Geschäftsausstattung		<u>470.000,00</u>

	€	€

II. Umlaufvermögen

 1.Rohstoffe   3.240.000,00

1. Hilfsstoffe   724.000,00

2. Fertige Erzeugnisse

 1.000 Ausstellungsstücke   10.400.000,00

3. Kassenbestand   20.000,00

4. Bankguthaben

  Stadtsparkasse   580.000,00

  Naspa   426.000,00   1.006.000,00

  Summe des Vermögens: 28.798.000,00

B. **Schulden**

1. Hypotheken der VR Bank   2.180.000,00

2. Darlehen der Deutschen Bank   1.125.950,00

3. Verbindlichkeiten

  Holzfabrik Gerhardt   250.000,00

  Lederland Mount   175.000,00   425.000,00

  Summe der Schulden: 3.730.950,00

C. **Ermittlung des Eigenkapitals**

 Summe des Vermögens   28.798.000,00

 Summe der Schulden   3.730.950,00

 Eigenkapital (Reinvermögen)   25.067.050,00

Zu jedem Bereich der Firma wird eine genaue Auflistung, wie du in der Inventur z.B. Fuhrpark für Firmenwagen siehst, gemacht. Diese genaue Auflistung wird für alle Bereiche gemacht und in das Inventar eingetragen.

Dieses Inventar wurde aus der Inventur genommen.

Die einzelnen Positionen sind:

Anlagevermögen: z. B.

- Grundstücke und Bauten

- Technische Anlagen und Maschinen

- Andere Anlagen (z.B. Fuhrpark)

- Betriebs- und Geschäftsausstattung (Geschäftseinrichtungen)

Das Anlagevermögen teilt sich in 3 Bereiche immaterielle Vermögensstelle, Finanzanlagen und Sachanlagen. Das Anlagevermögen zeichnet alle Vermögenswerte, die dem Unternehmen dienen an (langfristige Wertanlagen).

Umlaufvermögen: z. B.

- Rohstoffe (Leder, Stahl, Holz)

- Hilfsstoffe (Schrauben, Leim)

- Betriebsstoffe (Lederpflege)

- Unfertige Erzeugnisse

- Fertige Erzeugnisse

- Forderungen aus Lieferungen und Leistungen

- Kassenbestand

Das Umlaufvermögen befindet sich in der Regel nur sehr kurzfristig im Unternehmen, da es sich ständig „im Umlauf" befindet. Es gehört deshalb zu kurzfristigen Geldanlagen und Vermögensgegenstände.

Im Inventar werden die Vermögensposten nach steigender Flüssigkeit (Liquidität) geordnet, wie in Kapitel 4 beschrieben.

Schulden: Im Inventar werden die Schulden nach ihrer Fälligkeit geordnet.

- Langfristige Verbindlichkeiten z. B. Hypotheken und Darlehnsschulden

- Kurzfristige Verbindlichkeiten z. B. Mietschulden, Verbindlichkeiten

Fremdkapital: Verbindlichkeiten stellen das im Unternehmen arbeitende Fremdkapital dar, wie in Kapitel 3 beschrieben.

Eigenkapital: Es ergibt sich, indem man die Schulden vom Vermögen abzieht.

Die Bilanz ist eine kurz gefasste Übersicht von Vermögen (Aktiva) und Kapital (Passiva) in T-Kontenform.

Aus dem Inventar ergibt sich **die Bilanz.**

Vermögenformen   Vermögenquellen

Vermögen   Kapital

Aktiva	Bilanz zum 31. Dezember	Passiva

I. Anlagevermögen

1. Grundst. u. Bauten

              9.625.000 €

2. Fuhrpark   420.000 €

3. TA und Maschinen

              2.893.000 €

4. BGA   470.000 €

II.Umlaufvermögen

1.Rohstoffe   3.240.000 €

2. Hilfsstoffe   724.000 €

3. Fertige Erzeugnisse

           10.400.000 €

4. Kassenbestand 20.000 €

5. Bankguthaben

           1.006.000 €

28.798.000 €

I. Eigenkapital

          25.067.050 €

II. Schulden

1. Hypotheken 2.180.000 €

2. Darlehen   1.125.950 €

3. Verbindlichkeiten

           425.000 €

28.798,00 €

Unser Beispiel Fuhrpark zeigt, dass in der Bilanz keine einzelnen Positionen mehr aufgegliedert werden.

Die Bilanz legt das Vermögen und die Schulden eines Unternehmens dar. Durch die Bilanz wird festgestellt wie ein Unternehmen finanziell dasteht.

Sie ist eine Kurzfassung des Inventars in Kontenform. Auf der linken Seite sieht man die Vermögensteile und auf der rechten Seite das Eigenkapital + die Schulden. Beide Seiten der Bilanz werden addiert und weisen daher die gleichen Summen aus.

Summe des Vermögens = Aktivseite

Eigenkapital + Summe der Schulden = Passivseite

Übungsaufgaben zum Thema Bilanz:

„Jetzt bist du dran. Erstelle eine Bilanz mit Hilfe der Angaben aus dem Inventar. Vergesse dabei nicht die Summe des Vermögens, der Schulden und das Eigenkapital vorher auszurechnen", bittet Herr Heinrich.

Angaben:

	€
Grundstücke und Bauten	120.000.000,00
Fuhrpark	180.000,00
Technische Anlagen und Maschinen	1.300.000,00
Betriebs- Geschäftsausstattung	1.070.000,00
Rohstoffe	3.240.000,00
Fertige Erzeugnisse	15.400.000,00
Kassenbestand	15.000,00
Bankguthaben	2.500.000,00
Darlehen	10.225.000,00
Verbindlichkeiten	2.375.000,00

Aktiv- und Passivkonten

Neuer Tag und ich bin wieder bei Hr. Heinrich. Die Ausbildung gefällt mir bisher richtig gut.

Ich ging in Hr. Heinrichs Büro auf meinen Platz. „Guten Morgen, Hr. Heinrich." „Guten Morgen Martha." „Also... wie geht es Ihnen denn heute?" „Gut bis mittelprächtig würde ich sagen. Wir haben heute viel zu tun Martha. Zuerst einmal möchte ich, dass Sie mir sagen zu welcher Seite das Konto Fuhrpark gehört." „Das Konto Fuhrpark gehört zur Aktivseite der Bilanz und zusätzlich zum Anlagevermögen." „Sehr schön Martha, am besten Sie informieren sich jetzt noch weiter über Aktiv- und Passivkonten und am besten auch noch über den Aktiv- und Passivtausch." „Werde ich sofort erledigen Hr. Heinrich." Ich nickte zustimmend und machte mich sofort an die Arbeit.

In einem Unternehmen tätigen wir viele Geschäfte, wie zum Beispiel etwas kaufen oder verkaufen und das nennt man dann Geschäftsfall. Mit jedem Geschäftsfall, verändert sich unsere Bilanz. Natürlich kann aber nicht jedes Mal die Bilanz neu erstellt werden. Also was macht man da? Um die Geschäftsfälle die in einem ganzen Jahr anfallen, zu erfassen, wird den verschiedenen Bilanzpositionen ein Konto zugeordnet. Diese Konten werden wegen ihrer Form auch T-Konten genannt.

Diese sehen dann so aus:

Soll	Kontenname	Haben

Die Bilanz ist bekanntlich in zwei Seiten aufgeteilt, die Aktiv- und die Passivseite. Auf der Aktivseite haben wir die Aktivposten, daraus ergeben sich nun die Aktivkonten. Das Gleiche passiert auf der Passivseite. Aus diesen Posten ergeben sich die Passivkonten. Insgesamt nennt man die Aktiv- und Passivkonten zusammen auch Bestandskonten. Die Aktivseite wird unterteilt in Anlage- und Umlaufvermögen. Die Passivseite wird in Eigenkapital und Fremdkapitel unterteilt.

Die häufigsten Konten im Anlagevermögen sind:

- Grundstücke und Bauten

- Technische Anlagen und Maschinen

- Fuhrpark

- Betriebs- und Geschäftsausstattung

Die häufigsten Konten im Umlaufvermögen sind:

- Rohstoffe

- Hilfsstoffe

- Betriebsstoffe

- Forderungen

- Kassenbestand

- Bankguthaben

Diese sind alle grundsätzlich nur auf der Aktivseite zu finden.

Auf der Passivseite findet man zum einen das Eigenkapital, dieses steht einzeln aber auch das Fremdkapital (Schulden) ist dort zu finden.

Die meist vorkommenden Schulden sind:

- Hypothekenschulden

- Darlehen

- Verbindlichkeiten

Das Anlagevermögen und das Umlaufvermögen werden nach der Liquidität geordnet. Das heißt Objekte wie Grundstücke oder Maschinen, sind fest in unserem Betrieb eingegliedert. Diese verkaufen wir nicht oft weiter. Bei dem Umlaufvermögen ist es genau das Gegenteil: Produkte, die wir produzieren, wie fertige Erzeugnisse oder Waren die wir verkaufen, werden oft gebucht und haben somit viele Abgänge. Dafür nehmen andere Waren in der Bilanz wieder zu, wie zum Beispiel Rohstoffe für unsere Produktion. Bei der Möbel Monti GmbH brauchen wir viel Holz um Tische, Stühle oder auch Schränke herzustellen. Holz ist ein Rohstoff, Rohstoffe sind alle Stoffe die wir frei und unverarbeitet kaufen. Allerdings brauchen wir nicht nur Holz um einen Schrank herzustellen. Dafür brauchen wir auch Schrauben diese zählen zu dem Bestandskonto Hilfsstoffe, Hilfsstoffe sind Stoffe die in das Produkt mit eingebaut werden aber keine Hauptbestandteile sind. Darunter zählen auch Materialien wie Leim und Nägel. Um das Produkt herstellen zu können fehlen aber noch die Betriebs-stoffe, denn diese stehen für Produkte wie Treibstoff oder Schmieröl für die Maschinen die wir zur Herstellung brauchen.

Kommen wir zum oben angedeuteten Aktiv- und Passivtausch und der Aktiv- und Passivmehrung bzw. Minderung. Aber was ist das genau?

Zuerst einmal der Aktiv- und der Passivtausch, bei beiden verän-dert sich die Bilanzsumme nicht, da wir das Geld gleichsam nur von dem einen Konto auf das andere übertragen wie wenn wir ein Auto in bar kaufen. Autos gehören zum Konto Fuhrpark und bar heißt per Kassenbestand. Somit steigt das Konto Fuhrpark und das Konto Kassenbestand mindert sich. Diese beiden Kon-ten sind Aktivkonten, somit war das ein Aktivtausch. Das geht al-lerdings auch auf der anderen Seite, wenn wir zum Beispiel eine kurzfristige Lieferverbindlichkeit in ein langfristiges Darlehen um-wandeln. In diesem Fall steigt das Konto Darlehen und das Konto Lieferverbindlichkeiten sinkt, das nennt man Passivtausch.

Kommen wir nun zu der Aktiv- Passivmehrung, dies passiert wenn auf der Aktiv-, wie auch auf der Passivseite der Betrag eines Kontos steigt. Das ist der Fall, wenn wir Rohstoffe auf Rechnung kaufen. Auf Rechnung heißt, dass wir etwas kaufen aber noch nicht bezahlen und das nennen wir eine Verbindlichkeit. Somit steigt das Konto Rohstoffe, genauso wie das Konto Verbindlichkeiten. Bei der Aktiv- Passivminderung ist es genau das Gegenteil. Wenn wir zum Beispiel eine Lieferverbindlichkeit mit einer Überweisung bezahlen. Damit ist das Konto Verbindlichkeiten und das Konto Bankguthaben betroffen. Die Salden beider Konten vermindern sich, somit ist es eine Aktiv-Passivminderung.

Damit wäre schon alles von den Aktiv und Passivkonten geklärt. Zusammenfassend kann man es sich vereinfacht als zwei Seiten vorstellen wie in der Bilanz. Auf der Aktivseite werden alle Zugänge bei dem Vermögen erfasst und bei der Passivseite sind es alle Schulden die das Unternehmen noch zu bezahlen hat.

Übungsaufgabe zum Thema Aktiv- und Passivkonten:

Entscheide bei den folgenden Konten ob es sich um Aktiv- oder Passivkonten handelt. Kreuze die jeweils richtige Antwort an.

Bestandskonten	Aktiv	Passiv
Fuhrpark		
Bankguthaben		
Darlehen		
Kassenbestand		
Hilfsstoffe		
Verbindlichkeiten		
Grundstücke und Gebäude		
Betriebsstoffe		
Hypothekenschulden		
Forderungen		

Fremdkapital / Schulden

Bei Herrn Heinrich angekommen, spiegeln wir die letzten Tage kurz wider und ich versuche ihm das erlernte im Schnelldurchlauf noch einmal zu erklären. „Sehr gut, Martha. Wie ich sehe hast du die letzten Tage gut aufgepasst", sagte Herr Heinrich. Ich grinste und bedankte mich. „Da du das mit der Bilanz und der Liquidität jetzt soweit verstanden hast, kommen wir zum nächsten Thema, dem Fremdkapital", meint Herr Heinrich. Eine alte Bilanz, wie ich sehen konnte, lag schon auf seinem Tisch parat.

Beispiel an einer Bilanz:

Aktiva		Passiva	
Anlagevermögen		Eigenkapital	600.000 €
Grundstücke	300.000 €		
TA MA	500.000 €	Fremdkapital	
Fuhrpark	100.000 €	Hypotheken	300.000 €
Umlaufvermögen		Darlehen	160.000 €
Rohstoffe	50.000 €	Verbindlichkeiten	20.000 €
Forderungen	30.000 €		
Kasse	5.000 €		
Bank	95.000 €		
	1.080.000 €		1.080.000 €

Auf der Aktivseite der Bilanz werden die Vermögensteile aufgeführt. *Auf der Passivseite sind die Schulden und das Eigenkapital aufgelistet.*

Die Schulden/Fremdkapital sind ein Teil des Kapitals, welches nicht den Eigentümern eines Unternehmens, sondern anderen Kapitalgebern (Gläubigern) zusteht. Es umfasst somit die Positionen der Passivseite einer Bilanz, die einen Anspruch gegen das Unternehmen haben. Sie stellen mit dem Eigenkapital das Gesamtkapital eines Unternehmens dar.

Im Gegensatz zum Eigenkapital steht einem Unternehmen das Fremdkapital nur für begrenzte Zeit zur Verfügung.

Gegliedert wird es nach **zunehmender Fälligkeit** der Zahlung. Die Fälligkeit ist der Zeitpunkt, zu dem die Schuld zu bezahlen ist.

Neben dem Eigenkapital, welches auf der Passivseite als erstes aufgeführt ist, wird zunächst das langfristige Fremdkapital (Verpflichtungen, die in mehr als 5 Jahren fällig sind) wie z.B. Darlehen oder Hypotheken und anschließend das kurzfristige Fremdkapital (Verpflichtungen, die in weniger als 1 Jahr fällig sind) wie z.B. Verbindlichkeiten, aufgeführt.

Für die Buchung der Schulden heißt das, dass sie auf der Haben-Seite zunehmen und auf der Soll-Seite abnehmen.

Eigenkapital

+ Fremdkapital

Langfristige Schulden

Kurzfristige Schulden

= Gesamtkapital

Eigenkapital

Das Eigenkapital (Reinvermögen), welches nicht wie Kredite finanziert wurde, ist der Kapitalanteil, der den Eigentümern eines Unternehmens gehört. Es steht daher dem Unternehmen unbefristet zur Verfügung. Die Differenz von Gesamtvermögen und Gesamtschulden ergibt das Eigenkapital. Das Eigenkapital bildet sich aus den Einlagen und aus den erwirtschafteten Gewinnen, die nicht ausgeschüttet wurden.

Verbindlichkeiten / Schulden beim Lieferanten

Neben dem Bankkredit werden wir häufig von Verbindlichkeiten, das wohl gängigste Konto des Fremdkapitals, begleitet. Sie entstehen durch Situationen, die sich in vielen Unternehmen fast täglich ergeben.

Eine Verbindlichkeit entsteht dann, wenn Handelswaren bestellt wurden und diese vom Lieferer zugestellt werden. Eine entsprechende Rechnung wird zudem verschickt. Die Handelswaren können sofort genutzt werden, die Rechnung bleibt allerdings erstmal offen. Man schuldet dem Lieferanten somit das Geld, welches normalerweise kurzfristig bezahlt wird.

Die Fälligkeit der ausgestellten Rechnung ist meist auf 30 Tage begrenzt. Somit kann diese innerhalb eines Monats beglichen werden und unterscheidet sich somit vom Bankkredit, bei dem die Laufzeit sogar Jahrzehnte betragen kann.

Langfristige Verbindlichkeiten

Zur Finanzierung kann ein Unternehmen Verbindlichkeiten in unterschiedlicher Laufzeit aufnehmen. Langfristige Schulden hingegen sind Arten von Schulden, die nicht direkt zurückgezahlt werden, wie z.B. einem Bankkredit oder einer Hypothek, bei denen die Laufzeit meist über 5 Jahre hinausgeht.

Zusammengefasst:

Passiva = Kapitalherkunft bzw. Finanzierung

Eigenkapital = Von den Eigentümern aufgebrachte Mittel oder der erwirtschaftete Gewinn im Unternehmen

Fremdkapital = Schulden des Unternehmens
Sie werden nach der Fälligkeit der Zahlung gegliedert:

Langfristige Schulden(Hypotheken, Darlehen)
Kurzfristige Schulden (Verbindlichkeiten)

Übungsaufgaben zum Thema Fremdkapital

1. Wie werden die Schulden geordnet?

2. Ordne die folgenden Begriffe in die richtige Reihenfolge:

    a. Darlehen

    b. Eigenkapital

    c. Kurzfristige Verbindlichkeiten

    d. Langfristige Verbindlichkeiten

    e. Hypothek

3. Auf welcher Seite der Bilanz sind Sie zu finden?

4. Wie kann man das Eigenkapital, wie das Fremdkapital ermitteln?

5. Ordnen Sie die folgenden Begriffe der richtigen Reihenfolge nach zu:

    a. Hypotheken

    b. Grundstücke/Bauten

    c. Forderungen

    d. Fuhrpark

    e. Verbindlichkeiten

    f. Kasse

    g. Bank

    h. Technische Anlagen und Maschinen

    i. Büro- und Geschäftsausstattung

    j. Rohstoffe

    k. Darlehen

    l. Fertige und Unfertige Erzeugnisse

Aktiva	Passiva
Anlagevermögen	Eigenkapital
	Fremdkapital
Umlaufvermögen	

Liquidität

In der Mittagspause sitze ich mit Tom in der Cafeteria. Wir unterhalten uns über unsere Ausbildung.

Martha: „Ich bin jetzt in der Buchhaltung und habe schon eine Menge gelernt."

Tom: „ Ach ja, und was zum Beispiel."

Martha erzählt von den Aufgaben die sie machen sollte und wie sie einige Probleme selbstständig lösen konnte. Als Martha von Liquidität anfängt, fragt Tom nach was das ist.

Martha: „Also..."

Unter Liquidität versteht man die Zahlungsfähigkeit eines Unternehmens. Es ist in der Lage, allen Zahlungsverpflichtungen nachzukommen.

Liquidität in der Bilanz:

Die Liquidität findet in der Bilanz Anwendung. Bei der Liquidität handelt es sich um eine Aufstellung aller Posten auf der

Aktiv-Seite. Die nach ihrer Fähigkeit diese schnell in Geld umzuwandeln, angeordnet sind. Die Posten werden absteigend ihrer Flüssigkeit nach geordnet. Das Vermögen das schwerer in Geld umzuwandeln ist, steht oben in der Bilanz. Je weiter unten der Posten ist, desto einfacher kann man es in Geld umwandeln.

<u>Beispiel:</u>

Bei der Kasse kann man das Geld direkt entnehmen, deshalb steht es ganz unten im Umlaufvermögen. Grundstücke hingegen kann man schwerer verkaufen als z. B. einen PKW oder die Büroeinrichtung, weshalb es in der Aufstellung weiter oben steht.

Martha: „Das war die Erklärung der Liquidität in einer Bilanz. Jetzt erkläre ich dir noch die Kennziffern, mit welchen du die Liquidität berechnen kannst."

Eine Überliquidität besteht, wenn die Zahlungsmittel über den fälligen Verpflichtungen liegen. Also wenn man mehr Geld zur Verfügung, als Zahlungsverpflichtungen hat. Das Gegenteil dazu ist die Unterliquidität. Diese liegt vor, wenn die zur Verfügung stehenden Zahlungsmittel unter den fälligen Verpflichtungen liegen. Bei einem finanziellen Gleichgewicht, also genauso viel Geld wie Schulden, nennt man das eine optionale Liquidität.

Die Überliquidität ist vorzuziehen, da bei dieser alle Verpflichtungen gedeckt werden können und ein Überschuss übrig bleibt.

Es gibt kurzfristige, mittelfristige und langfristige liquide Mittel. Kurzfristige Mittel sind z. B. Bargeld, Schecks, Wertpapiere. Die Mittelfristigen Mittel bestehen aus Forderungen aus Lieferung & Leistungen. Langfristige Mittel sind zum Beispiel Vorräte an Rohstoffen.

Was beeinflusst die Liquidität?

- Forderungsausfälle
- verzögerte Geldeingänge
- Steuernachzahlungen und Steuervorauszahlungen
- Mehr Ausgaben als Einnahmen

Merke

Liquidität ist die Zahlungsfähigkeit eines Unternehmens. Es kann all seinen Zahlungsverpflichtungen nachkommen. Die Liquidität zeigt an, welche Gegenstände einfacher in Geld umzuwandeln sind.

Die Liquiditätsgrade sollen Auskunft darüber geben, ob das Unternehmen liquide ist.

Beurteilung der Liquidität

Liquidität 1. Grades =

$$\frac{\text{flüssige Mittel}^1 * 100}{\text{kurzfristiges Fremdkapital}}$$

Liquidität 2. Grades =

$$\frac{(\text{flüssige Mittel + Forderungen}) * 100}{\text{kurzfristiges Fremdkapital}}$$

Liquidität 3. Grades =

$$\frac{\text{Umlaufvermögen} * 100}{\text{kurzfristiges Fremdkapital}}$$

---

[1] Flüssige Mittel (Liquide Mittel) = Bankguthaben + Kassenbestand

Übungsaufgaben zum Thema Liquidität

Aufgabe 1

Sortieren Sie die aufgelisteten Posten erst in Anlage- und Umlaufvermögen. Danach ordnen Sie diese nach ihrer Liquidität.

- Bank
- Betriebsstoffe
- Büro- und Geschäftsausstattung
- Forderung aus Lieferung & Leistungen
- Fuhrpark
- Grundstücke
- Handelswaren
- Hilfsstoffe
- Kasse
- Postbank
- Rohstoffe

Aufgabe 2

Berechnen Sie die Liquidität.

Aktiva	
Grundstücke	600.000,00 €
Büro- und Geschäftsausstattung	600.000,00 €
Fertige Erzeugnisse	540.000,00 €
Forderungen aus Lieferung & Leistungen	300.000,00 €
Bank	100.000,00 €
Kasse	20.000,00 €
	2.160.000,00 €

Passiv	
Eigenkapital	
Gezeichnetes Kapital	800.000,00 €
Rücklagen	160.000,00 €
Jahresüberschuss	40.00,00 €
langfristige Verbindlichkeiten	800.000,00 €
kurzfristige Verbindlichkeiten	360.000,00 €
	2.160.000,00 €

Buchungssätze

Herr Heinrich steht mit einigen Papieren in der Hand schon an meinem Arbeitsplatz. „Guten Morgen Herr Heinrich. Wie ich sehe, haben Sie bereits etwas Neues für mich?" „Guten Morgen Martha. Das ist richtig, hast du in der Berufsschule vielleicht schon von Buchungssätzen gehört?" Ich sehe Ihn nachdenkend an, muss dann aber den Kopf schütteln. Herr Heinrich erklärt mir ganz kurz worauf es dabei ankommt und muss dann auch schon zu einem Gespräch. Ich sehe mir die Papiere an, kann aber nichts damit anfangen. Ich erkenne zwar, dass es sich unter anderem um Rechnungen handelt, aber was genau dabei meine Aufgabe ist, ist mir noch unklar. Laut dem ersten Beleg wurden 50,00 € von unserer Kasse auf das Geschäftskonto überwiesen. Herr Heinrich kommt nach einiger Zeit zurück und merkt, dass ich kein Stück weiter bin. Endlich erklärt er:

Buchungssätze sind eine Buchungsanweisung in der doppelten Buchführung. Doppelt, weil derselbe Geschäftsvorgang kontiert und in den entsprechenden T-Konten dargestellt wird. Buchungssätze benutzt man zur zeitlichen Erfassung aller Geschäftsvorgänge. Sie ermöglichen daher einen genauen Überblick über die Einnahmen und Ausgaben eines Betriebes. Sie geben an, auf welchen Konten Geschäftsvorgänge gebucht werden. Jeder Buchungssatz betrifft mindestens zwei Konten die jeweils im Soll und Haben zu finden sind.

Zum Erstellen eines Buchungssatzes aus einem Geschäftsvorfall gibt es fünf Regeln:

- **1. Welche Konten beeinflusst der Geschäftsvorfall?**
  Wie hier leicht zu sehen ist, betrifft der Geschäftsvorfall, den Martha vor sich hat, die Konten „Kasse" und „Bank".

- **2. Was für Konten sind das? (Aktiv? Passiv?)**
  Beide Konten findet man auf der Aktivseite der Bilanz.

- **3. Wie wirkt sich die Buchung auf die Konten aus? (Mehrung oder Minderung?)**
  Bei einer Bareinzahlung wird Geld aus der Kasse auf ein Bankkonto gezahlt. Das heißt, das Konto „Kasse" wird weniger, das Konto „Bank" wird mehr.

- **4. Wo wird was gebucht? (Soll oder Haben?)**
  Mehrungen werden bei Aktivkonten im Soll gebucht. Das Konto „Kasse" kann daher nur noch im Haben gebucht werden.

- **5. Bilden Sie den Buchungssatz!**
  Zuerst wird immer das Soll-Konto genannt. Danach folgt das Haben-Konto. Beide Konten werden mit dem Wort „an" verbunden. Das Wort „an" hat im Buchungssatz jedoch keine Bedeutung und kann durch andere Wörter wie „zu" ersetzt werden.

Der Buchungssatz lautet also: **Bank 50,00 € an Kasse 50,00 €**

Allgemein gilt: **Keine Buchung ohne Beleg!**

Zu jedem Geschäftsfall muss es einen Beleg geben. Dazu zählen zum Beispiel Quittungen, wie man sie bei jedem Einkauf bekommt.

Ist der Buchungssatz einmal erstellt, erfolgt die Buchung noch einmal in T-Konten. Diese erleichtern die Übersicht der einzelnen Konten und erlauben einen tieferen Einblick in die Bilanz. Gibt es also in der Schlussbilanz Unklarheiten, findet man die Lösung mit großer Wahrscheinlichkeit in den einzelnen T-Konten.

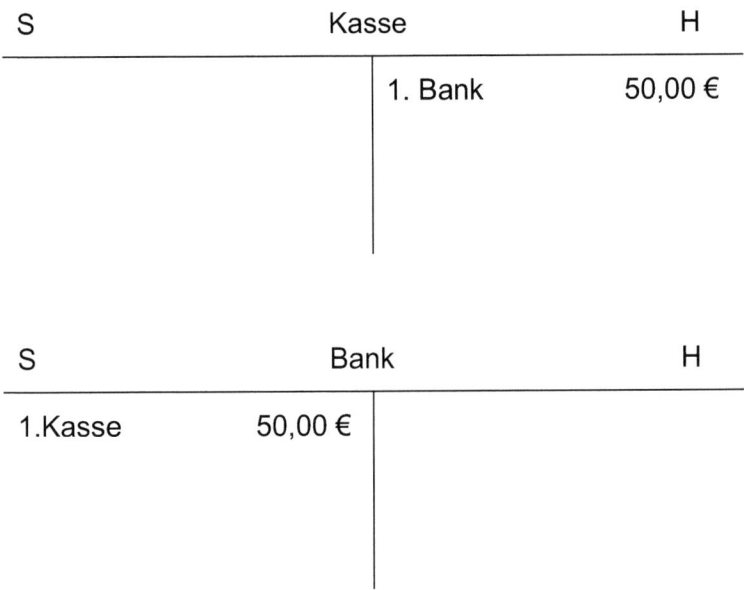

Während wir zum Lernen Buchungssätze noch selbst schreiben und T-Konten erstellen und ausfüllen, werden diese in der Praxis mit Hilfe von EDV-Programmen festgehalten. Nach der Eintragung der entsprechenden Buchungssätze, erstellt das Programm automatisch T-Konten.

Übungsaufgaben zum Thema Buchungssätze

Erstellen Sie zu folgenden Geschäftsvorgängen die Buchungssätze. Berücksichtigen Sie die fünf Regeln.

1. Sie kaufen Rohstoffe für 100,00 € auf Ziel.
2. Die Eingangsrechnung eines Lieferanten für Hilfsstoffe im
   Wert von 3.500,00 € wird über unser Firmenkonto beglichen.
3. Kunde bezahlt Rechnung von 500,00 €.
4. Wir nehmen ein Darlehen von 20.000,00 € auf.
5. Kunde kauft Waren im Wert von 395,99 €.
6. Der Kunde aus Fall 5 bezahlt seine Rechnung.
7. Wir kaufen einen neuen Firmenwagen für 25.000,00 € auf
   Ziel.
8. Neue Computeranlagen im Wert von 3.000,00 € werden an-
   geschafft. Die Bezahlung erfolgt per Überweisung.
9. Wir verkaufen Rohstoffe für 200,00 € auf Ziel an einen lang-
   jährigen Kunden.
10. Wir bezahlen die Rechnung der neuen Transportanlage für
    8.500,00 €.

Schlussbilanzkonto

Ich bekomme von Herrn Heinrich aus der Buchhaltung gezeigt, was denn eigentlich ein Schlussbilanzkonto (SBK) ist und wie man dieses abschließt. Herr Heinrich erklärt:

S	Kasse		H
Anfangsbestand 20.000 €		Abgänge	45.000 €
Zugänge 100.000 €		SBK	75.000 €
120.000 €			120.000 €

S	Verbindlichkeiten		H
Abgänge	20.000 €	Anfangsbestand	30.000 €
SBK	25.000 €	Zugänge	15.000 €
	45.000 €		45.000 €

S	Schlussbilanzkonto (SBK)		H
Kasse	75.000 €	Verbindlichkeiten	25.000 €

Schlussbilanzkonto	an	**Kasse**
Verbindlichkeiten	an	**Schlussbilanzkonto**

Herr Heinrich:" Am Bestandskonto Kasse erkennst du, dass am Anfang des Geschäftsjahres ein Betrag von 20.000 € auf dem Konto war, im Laufe des Geschäftsjahres kamen Zugänge im Wert von 100.000 € hinzu. Wir hatten Abgänge von 45.000 €. Bei Abschluss des Kontos buchen wir 75.000 € auf das Schlussbilanzkonto. Genauso verhält es sich auch bei allen anderen Konten, das Prinzip ist immer dasselbe."

Martha: "Herr Heinrich, könnten Sie den Vorgang genauer erklären? Ich verstehe noch nicht wozu denn nun das Schlussbilanzkonto da ist?"

Herr Heinrich: "Nur Geduld, dass hatte ich jetzt vor."

- Über das Schlussbilanzkonto werden zum Jahresende hin, alle Aktiv- und Passivkonten abgeschlossen.
- Das Schlussbilanzkonto ergibt sich aus den Schlussbeständen der Bestandskonten
- Das Schlussbilanzkonto ist zugleich die Eröffnungsbilanz des folgenden Geschäftsjahres
- Es dient zum buchhalterischen Abschluss der Bestandskonten.

Martha: "Was ich noch nicht so ganz verstehe, wie werden die Konten denn jetzt genau abgeschlossen?"

Herr Heinrich: "Gut dass du fragst Martha, dass erkläre ich dir anhand einer Tabelle."

Soll	Schlussbilanzkonto	Haben
Aktivkonten		Passivkonten

Die Tabelle zeigt, den Aufbau eines Schlussbilanzkontos.

Die Aktivkonten haben ihren Anfangsbestand (AB) auf der Soll-seite und haben daher ihren Schlussbestand (SB) auf der Ha-benseite. Bei den Passivkonten ist es genau umgekehrt, diese haben ihren Anfangsbestand auf der Habenseite und dement-sprechend wird der Schlussbestand auf der Sollseite abge-schlossen.

Der Schlussbestand des jeweiligen Kontos wird dann im Schlussbilanzkonto verbucht, je nachdem was für ein Be-standskonto es ist (Aktivkonto oder Passivkonto) wird dies auf der Soll- oder Habenseite eingetragen.

Beim Abschließen eines Kontos ist zu beachten, dass die Ge-samtsummen der Soll- und Habenseite gleich groß sind. Der Schlussbestand ist die Differenz, die durch das Abziehen der Gesamtsumme von der „geringeren" Seite ergibt.

Die grundlegenden Buchungssätze sehen wie folgt aus:

Schlussbilanzkonto an **Aktivkonto**

Passivkonto an **Schlussbilanzkonto**

Herr Heinrich:" So Martha, hier habe ich eine Übungsaufgabe für dich, probiere es doch mal selbst."

Übungsaufgaben zum Thema Schlussbilanzkonto

Anfangsbestände:

Aktivkonten

Kasse	24.900 €
Rohstoffe	86.000 €
Bank	129.300 €

Passivkonten

Verbindlichkeiten	45.000 €
Eigenkapital	40.000 €
Darlehen	155.200 €

Eröffne die Bestandskonten Kasse, Rohstoffe, Bank, Verbindlichkeiten, Eigenkapital und Darlehen und trage die Anfangsbestände ein.

Buchungssätze:
1. Rohstoffe 15.000 € an Verbindlichkeiten 15.000 €
2. Darlehen 25.300 € an Bank 25.300 €
3. Rohstoffe 1.000 € an Kasse 1.000 €

Übertrage nun die Geschäftsfälle in die Bestandskonten, danach schließt du die Bestandskonten ab und überträgst die Schlussbestände in das Schlussbilanzkonto.

Vorsteuer & Umsatzsteuer

„Heute gehe ich zusammen mit Frau Klug in die Ein- und Ver-kaufsabteilung. Dort soll ich anfangen, die Vor- und Umsatz-steuer zu buchen, aber was ist das genau   -   und wie geht das?

Frau Klug meinte vorhin, dass ich als Erstes eine kleine Übung zu dem Thema machen soll."

Fr. Klug: *„So, Martha! Jetzt möchte ich doch erstmal sehen, ob Du die Grundkenntnisse der Umsatzsteuer schon beherrschst!*

Ich habe Dir als Übung eine einfache Rechnung heraus gesucht und ein paar leere Felder einge-setzt, die Du bitte ausfüllst. Fang doch einfach mal an!"

Firma Sinnmann GmbH & Co. KG,

Möbel Monti GmbH

	Einzel-preis	Gesamt-preis
20x lasiertes Buchenholz	2,00 €	_____

Netto	_____
MwSt. 19%	_____
Brutto	_____
Lösung:	

Firma Sinnmann GmbH & Co. KG,

Möbel Monti GmbH

	Einzel- preis	Gesamt- preis
20x lasiertes Buchenholz	2,00 €	40,00 €
Netto		40,00 €
MwSt. 19%		7,60 €
Brutto		47,60 €

Die Umsatzsteuer beträgt für die Umsätze eines Unternehmens **regelmäßig 19%**. Für bestimmte Dienstleistungen bzw. Lieferungen (Taxifahrten, Bücher, usw.) gibt es den **ermäßigten Steuersatz** von **7%**.

Die Umsatzsteuer wird auf die Umsätze, die ein Unternehmen tätigt erhoben. Grundsätzlich sind sie, wenn sie im Rahmen des Unternehmens gegen Entgelt ausgeführt werden, umsatzsteuerpflichtig.

Die Vorsteuer ist die Umsatzsteuer, die ein Unternehmen gezahlt hat, wenn es von einem anderen Unternehmen bezogene Lieferungen oder Dienstleistungen in Rechnung gestellt bekommt und vom Finanzamt zurück erhält, weil die Steuern schon bezahlt wurden und sonst eine Doppelbesteuerung vorliegen würde.

Kurz gesagt: Umsatzsteuer->Ausgangsleistungen

Vorsteuer ->Eingangsleistungen

Vorsteuerüberhang & Umsatzsteuerzahllast – Was ist das?

Merke:

Beim Abschließen der Konten wird das Konto mit dem wertmäßig kleineren Saldo über das mit dem wertmäßig größeren Saldo abgeschlossen. Diese werden miteinander verrechnet, dadurch entsteht ein sogenannter „Vorsteuerüberhang" bzw. eine „Umsatzsteuerzahllast".

Vorsteuerüberhang: Wenn der Vorsteuerbetrag **größer**, als der Umsatzsteuerbetrag ist, entsteht ein Vorsteuerüberhang, der vom Finanzamt erstattet wird.

Umsatzsteuerzahllast: Wenn der Vorsteuerbetrag **kleiner**, als der Umsatzsteuerbetrag ist, entsteht eine Umsatzsteuerzahllast, die an das Finanzamt überwiesen wird.

Abschluss der Konten „Vorsteuer" und „Umsatzsteuer" anhand dieser Beispiele:

Umsatzsteuerzahllast:

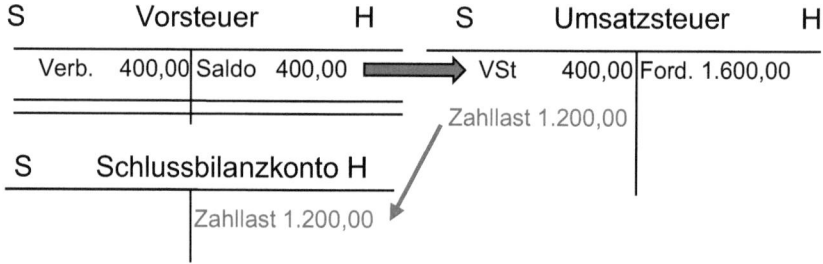

S	Vorsteuer		H	S	Umsatzsteuer		H
Verb.	400,00	Saldo 400,00		VSt	400,00	Ford. 1.600,00	
				Zahllast 1.200,00			

S	Schlussbilanzkonto	H
	Zahllast 1.200,00	

So errechnet man die Umsatzsteuerzahllast:

	Umsatzsteuerverbindlichkeit	1.600,00 €
-	Vorsteuerguthaben	400,00 €
=	Umsatzsteuerzahllast	1.200,00 €

Erklärungen der Abkürzungen:

Verb. = Verbindlichkeiten aus Lieferungen und Leistungen

Ford. = Forderungen aus Lieferungen und Leistungen

VSt   = Vorsteuer

Vorsteuerüberhang:

S	Vorsteuer	H	S	Umsatzsteuer	H
Verb. 7.000,00	UmSt 4.000,00		Saldo 4.000,00	Ford. 4.000,00	
	VSt 3.000,00				
7.000,00	7.000,00		S Schlussbilanzkonto		H
			VSt 3.000,00		

So errechnet man den Vorsteuerüberhang:

	Vorsteuerguthaben	7.000,00 €
-	Umsatzsteuerverbindlichkeit	4.000,00 €
=	Vorsteuerüberhang	3.000,00 €

Erklärungen der Abkürzungen:

Verb. = Verbindlichkeiten aus Lieferungen und Leistungen

Ford. = Forderungen aus Lieferungen und Leistungen

VSt   = Vorsteuer

UmSt = Umsatzsteuer

„Frau Klug gibt mir nach dieser Erklärung noch ein paar Übungs-aufgaben, sodass ich mir sicherer werden kann und ich finde, es klappt schon immer besser!"

Übungsaufgaben zum Thema Vor- und Umsatzsteuer

Erstelle die Buchungssätze zu den gegebenen

Geschäftsfällen!

Hier zur Hilfe die nötigen Konten:

1. Aufwendungen für Rohstoffe

2. Kasse

3. Umsatzerlöse für Waren

4. Büro- und Geschäftsausstattung (BGA)

5. Verbindlichkeiten aus Lieferung und Leistung (VB a. LL.)

6. Zeitungen & Fachliteratur

7. Fuhrpark

8. Umsatzsteuer

9. Bank

10. Forderungen aus Lieferung und Leistung (Ford. a. LL.)

11. Vorsteuer

_____

1. Kauf eines Montagewagens per Bank, 22.000,00 € netto,
    Umsatzsteuersatz: 19%

->_____ _____€ an _____ _____€

   _____ _____€

2. Kauf von Rohstoffen bar, Warenwert: 17.250,00 €, Umsatzsteuersatz: 19%

->_____ _____€ an _____ _____€

_____ _____€

3. Verkauf von 200 Flaschen Möbelpolitur im Wert von 2.231,25 € brutto auf Ziel. Umsatzsteuersatz: 19%

->_____ _____€ an _____ _____€

_____ _____€

4. Kauf von Bürostühlen für unser Büro auf Ziel im Wert von 1.400,00 € netto, Umsatzsteuersatz: 19%

->_____ _____€ an _____ _____€

_____ _____€

5. Banküberweisung der Umsatzsteuerzahllast in Höhe von 1.200,00 € an das zuständige Finanzamt.

->_____ _____€ an _____ _____€

6. Kauf eines Fachbuches, Bezahlung mit firmeneigener Bankkarte, 57,78 €. Umsatzsteuersatz: 7%

->_____ _____€ an _____ _____€

_____ _____€

7. Das zuständige Finanzamt überweist uns den in der Umsatzsteuervoranmeldung ausgewiesenen Vorsteuerüberhang in Höhe von 1.850,00 €.

->_____ _____€ an _____ _____€

8. Abo-Gebühren für eine Zeitschrift werden abgebucht, 123,05 €. Umsatzsteuersatz: 7%

->_____ _____€ an _____ _____€

  _____ _____€

9. Erstattung des Vorsteuerüberhangs vom Finanzamt an unsere Bank in Höhe von 3.000,00 €.

->_____ _____€ an _____ _____€

Aufwands- und Ertragskonten

Heute ist Herr Heinrich auf einer betrieblichen Sitzung. Daher macht Frau Bauer für ihn die Vertretung und erklärt mir, was Aufwands- und Ertragskonten sind. Um das Thema besser zu verstehen, gibt Sie mir die Aufgabe, einige Geschäftsfälle zum Thema Aufwands- und Ertragskonten zu buchen.

Geschäftsfall I:

Unser Unternehmen bezahlt die Miete für Büroräume per Banküberweisung (30.000 €).

Die Miete, die wir als Unternehmen für die Büroräume zahlen müssen, stellt einen **Aufwand** dar. Dies wird über das Konto Aufwendungen für Miete gebucht.

Lösung:

Mietaufwendungen 30.000 € an Bank 30.000 €

Geschäftsfall II:

Wir verkaufen fertige Erzeugnisse 2.000 € (brutto) auf Ziel.

Durch den Verkauf unserer Ware nehmen wir Geld ein. Diesen Vorgang bezeichnet man als **Umsatzerlöse** und wird über das Konto Umsatzerlöse für eigene Erzeugnisse gebucht.

Lösung:
Forderungen 2.000 € an Umsatzsteuer 319,33 €
an Umsatzerlöse für eigene
Erzeugnisse 1.680,67 €

Geschäftsfälle beeinflussen den Erfolg eines Unternehmens. Wertezuwächse werden als Erfolg, Werteabflüsse (Werteverzehr) als Aufwand bezeichnet. Sie werden auf den Erfolgskonten: **Aufwands- und Ertragskonten** erfasst.

Ein **Aufwand** entsteht durch den Verbrauch oder die Nutzung von Gütern und Dienstleistungen.

Beispiele für Aufwendungen:

- *Löhne / Gehälter*
- *Energie /Wasser (Verbrauch)*
- *Miete*
- *Verbrauch von Roh-, Betriebs- und Hilfsstoffen*

Ein **Ertrag** entsteht durch einen Verkauf der betrieblichen Leistungen oder andere Wertzuflüsse.

Beispiele für Erträge:

- *Umsatzerlöse*
- *Erträge aus Wertpapieren*
- *Zinserträge*

Es gilt als Grundregel: **Aufwendungen** werden im Soll des Aufwandskontos gebucht, da sie eine Minderung des Eigenkapitals darstellen. **Erträge** werden im Haben des Ertragskontos gebucht, da sie eine Mehrung auf der Haben-Seite des Eigenkapitals darstellen.

Erfolgskonten werden über das Gewinn- und Verlustkonto (GuV) abgeschlossen.

Bei den **Aufwendungen** werden die Zugänge auf die Soll-Seite und die Endbestände auf die Haben-Seite geschrieben.

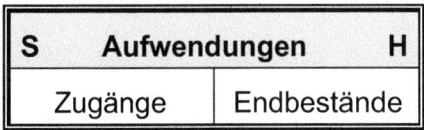

S	Aufwendungen	H
Zugänge	Endbestände

Bei den **Erträgen** ist es genau umgekehrt, die Zugänge werden auf die Haben-Seite und die Endbestände auf die Soll-Seite geschrieben.

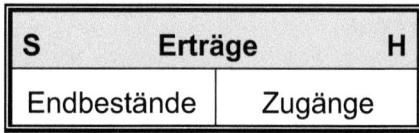

S	Erträge	H
Endbestände	Zugänge	

Beispiel für einen Aufwand:

Wir bezahlen diverse Mieten:

1. Miete für Lagerhalle 3.750 € auf Ziel.
2. Miete für Leihwagen 350 € bar.
3. Miete für Arbeitsräume 2.220 € per Banküberweisung.

S	Mietaufwendungen		H
1. Verbindlichk.	3.750 €	GuV	6.300 €
2. Kasse	350 €		
3. Bank	2.200 €		

Beispiel für einen Ertrag:

1. Wir erhalten auf unser Bankkonto eine Zinsgutschrift von 150 €.

S	Zinserträge		H
GuV	150 €	1. Bank	150 €

Die Erfolgskonten werden über das GuV (**Gewinn- und Verlust-konto**) und dieses wird über das Eigenkapital abgeschlossen.

Übungsaufgaben zum Thema Aufwands- und Ertragskonten

Bilde folgende Buchungssätze:

1. Verkauf von Fertigerzeugnissen im Wert von 1.000 € (brutto) auf Ziel.
2. Verbrauch von Rohstoffen 1.500 €, laut Entnahmeschein.
3. Erhalt einer Zinsgutschrift im Wert von 250 € auf unser Bankkonto.
4. Einkauf von Hilfsstoffen im Wert von 2.500 € (brutto).
5. Eingang der Stromrechnung 600 € (netto), Zahlung per Banküberweisung.
6. Auszahlung der Löhne 35.000 € per Banküberweisung.
7. Bareinkauf von Büromaterial im Wert von 350 € (netto).
8. Eingangsrechnung über Reparaturen des Firmenwagens 450 € (brutto), Barzahlung.

Kapitel GuV – Konto

Herr Heinrich: Hallo Martha, heute beschäftigen wir uns mit dem GuV-Konto. Das GuV-Konto ist für unser Unternehmen sehr wichtig, da in ihm alle Erträge und Aufwendungen aufgeführt sind. Um dir einige Dinge zu erleichtern, werde ich dir einiges zu diesem Thema erzählen.

Am Ende eines Geschäftsjahres müssen Aufwendungen und Erträge einander gegenübergestellt werden, um den Erfolg des Unternehmens festzustellen. Diese Aufgabe übernimmt das Konto „Gewinn und Verlust" (GuV)

In dem GuV-Konto (Gewinn und Verlust Konto) werden die Erfolgskonten abgeschlossen. Auf der Soll Seite werden die Aufwandskonten verbucht, auf der Haben Seite die Ertragskonten.

Nachdem die Erfolgskonten über das GuV-Konto abgeschlossen wurden, muss natürlich auch noch das GuV Konto irgendwo abgeschlossen werden. Dieses wird über das Eigenkapital - Konto abgeschlossen (deswegen nennt man es auch "Unterkonto des Eigenkapitalkontos"). Wie üblich muss dazu aber erstmal der Saldo (= Endbestand) gebildet werden.

Das GuV-Konto wird über das Eigenkapital abgeschlossen.

Wenn über das Geschäftsjahr die Aufwendungen größer waren als die Erträge, vereinfacht gesagt: wenn mehr ausgegeben als eingenommen wurde, errechnet sich aus dem Gewinn und Verlust Konto ein Verlust.

Wenn die Erträge größer sind als die Aufwendungen, ergibt sich aus dem GuV-Rechnung ein Gewinn.

Bei Verlust wird das Eigenkapital gemindert.

Bei einem Gewinn mehrt sich das Eigenkapital.

Saldo auf Soll oder Haben-Seite

Wir erinnern uns: Auf dem GuV-Konto werden Aufwendungen und Erträge eines Unternehmens gegenüber gestellt. Es können zwei Fälle eintreten:

1. Die Aufwendungen waren höher als die Erträge (= Jahresfehlbetrag)

2. Die Erträge waren höher als die Aufwendungen (= Jahresüberschuss)

Demnach kann also ein Saldo auf der Soll oder auf der Haben-Seite des GuV-Kontos

Saldo auf der Soll-Seite

S	GuV	H
Aufwendungen	Erträge	
Jahresabschluss (Habensaldo)		

- Erträge sind größer als Aufwendungen
- Saldo auf der Soll Seite (= Habensaldo)
- demnach wurde ein **Jahresüberschuss** erwirtschaftet

Abschluss über das Eigenkapital-Konto:

Das GuV-Konto wird über das **Eigenkapital-Konto (Passiv-konto) abgeschlossen.** Dieses mehrt sich im Haben. Wurde ein Gewinn erwirtschaftet, wird der Jahresüberschuss also auf die Haben-Seite des Eigenkapital-Kontos gebucht.

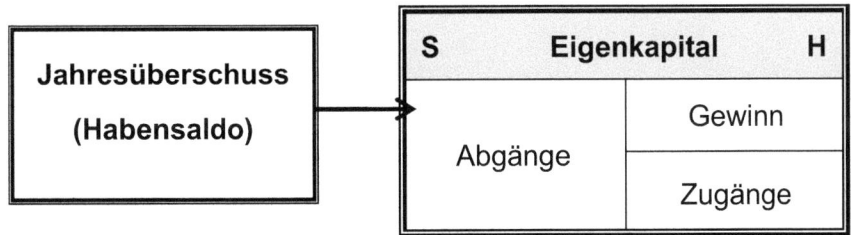

Der Buchungssatz für diesen Vorgang lautet:

GuV-Konto an Eigenkapital

2. Saldo auf der Haben-Seite

S	GuV	H
Aufwendungen	Erträge	
	Verlust (Sollsaldo)	

- Aufwendungen sind größer als Erträge
- Saldo auf der Haben Seite (= Sollsaldo)
- demnach ist ein **Verlust** entstanden

Abschluss über das Eigenkapital-Konto:

Da das Eigenkapital ein Passiv-Konto ist, werden die Abgänge auf der Soll-Seite gebucht. Wenn ein Verlust entstanden ist, handelt es sich logischerweise um einen Abgang.

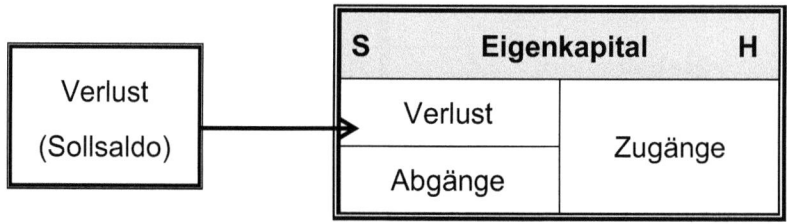

Der Buchungssatz für diesen Vorgang lautet:

Eigenkapital an GuV-Konto

Übungsaufgaben zum Thema GuV-Konto

1. Der Abschlusssaldo im Konto Aufwendungen für Betriebsstoffe im Haben beträgt 1.750,00, buchen Sie bitte.

_____   _____

Soll   Haben

2. Im Soll befindet sich im Konto Umsatzerlöse für Waren ein Abschlusssaldo von 5.000,00. Buchen Sie bitte!

_____   _____

Soll   Haben

3. Der Abschlusssaldo im Konto Aufwendungen für Energie/Treibstoffe im Haben beträgt 2.500,00, buchen Sie bitte.

_____   _____

Soll   Haben

4. Der Abschlusssaldo im Konto Zinserträge im Soll beträgt 1.500,00, buchen Sie bitte!

_____   _____

Soll   Haben

5. Bitte schließen Sie das Konto GuV ab. Es liegt ein Gewinn von 3.750,00 vor.

_____   _____

Soll   Haben

Ein- und Verkaufsbuchungen

„Zurzeit bin ich bei meiner Ausbildungsleiterin, Frau Klug, einge-
teilt. Sie arbeitet in der Ein- und Verkaufsabteilung."

Ich will euch in diesem Kapitel zeigen, wie Ihr, Waren im Einkauf
und Verkauf buchen könnt. Ich erkläre euch anhand einer Tabelle und verschiedenen Beispielen das richtige Buchen.

Manchmal kommt es dazu, dass wir oder Kunden Waren aus
verschiedenen Gründen zurücksenden. Auch erhalten oder gewähren wir Nachlässe und Skonto. Es können auch Bezugskosten anfallen. Bezugskosten sind z. B. Transportkosten, Verpackungskosten oder Transportversicherungen.

Als erstes erklärt mir Frau Klug die Buchungen im Einkauf.

Wir sind eine Firma die Möbel produziert und benötigen daher
sehr viel Holz. Aus diesem Grund nehmen wir, in diesem Beispiel, für unsere Rohstoffe Holzbretter.

Eine Übersicht über die einzelnen Buchungen, im Ein- und Verkauf, findet Ihr am Ende des Buches.

Der „**Normale**" Buchungssatz, beim Einkauf dieser Bretter, lautet wie folgt:

Rohstoffe

Vorsteuer   **an**   **Verbindlichkeiten (VBL)**

☞ Hinweis für den kundigen Leser ☜

Es gibt zwei Buchungsmethoden, aufwands- und bestandsorientiert. In diesen Beispielen wird bestandsorientiert gebucht.

Für unser nächstes Beispiel nehmen wir an, dass ein Teil der Ware beschädigt geliefert wurde. In diesem Fall schicken wir die Ware zurück.

Der Buchungssatz für eine **Rücksendung** lautet wie folgt:

Verbindlichkeiten   **an**   **Rohstoffe**

                             an   **Vorsteuer**

Dieser Buchungssatz ist wie der „Normale", nur das er einfach umgedreht wird. Das hat zur Auswirkung, dass der vorherige Buchungssatz storniert wird.

In manchen Fällen bekommen wir von unseren Lieferanten einen Nachlass, wenn etwas mit der Ware nicht in Ordnung ist. Es kann aber auch sein, dass einer unserer Lieferanten uns einen Bonus gewährt. In diesem Fall ist der Buchungssatz derselbe.

Der Buchungssatz für **Nachlässe und Boni** lautet wie folgt:

Verbindlichkeiten	**an**	**Nachlässe für Rohstoffe**
	an	**Vorsteuer**

Gerechnet wird immer mit den Nettopreisen. Wir ziehen also den Nachlass vom Nettowert ab.

Bei diesem Buchungssatz ist es ganz wichtig, dass auf das Konto „Nachlässe für Rohstoffe" gebucht wird! So kann schneller nachvollzogen werden, auf welche Waren wir Nachlässe oder Boni erhalten haben.

In den meisten Fällen gewähren Firmen ihren Kunden einen Skonto. Ein Skonto ist eine Art nachträglicher Nachlass, den man innerhalb einer Vorgegebenen Zeit erhält. Man darf sich einen fest vorgelegten Prozentsatz von dem Einkaufswert abziehen.

Der Buchungssatz für **Skonti** lautet wie folgt:

Verbindlichkeiten	**an**	**Nachlässe für Rohstoffe**
	an	**Vorsteuer**
	an	**Bank**

Wir haben eine Rechnung erhalten mit einem Rechnungsbetrag (brutto) von 568,45 €. Unser Lieferant gewährt uns 3 % Skonto wenn wir innerhalb von 10 Tagen bezahlen. Wir können den Betrag innerhalb der vorgegeben Zeit überweisen und können daher den Skonto von 3 % nutzen.

Die Rechnung sieht wie folgt aus:

3 % von 568,45 € sind 17,05 €.

Diesen Betrag müssen wir jetzt in unseren Nachlass und in die Vorsteuer aufteilen. Die Aufteilung müssen wir für das Finanzamt machen. Wenn wir weniger bezahlen, bekommen wir vom Finanzamt auch weniger Geld zurück.

Die 17,05 € sehen wir als 119 %. Diese 119 % müssen wir in 100 % für die Nachlässe und in 19 % für die Vorsteuer aufteilen.

Wir rechnen wie folgt:

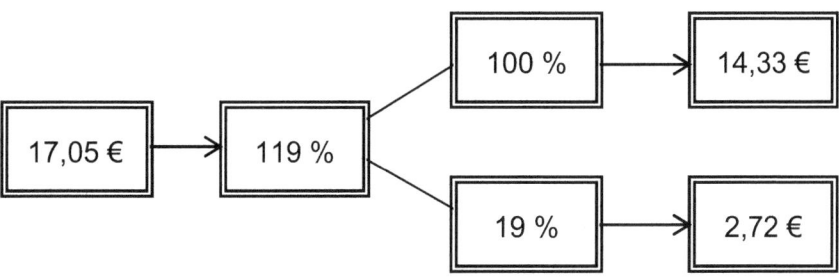

Wir teilen die 17,05 € durch 119% und multiplizieren mit 100 % bzw. mit 19 % um auf unser Ergebnis zu kommen.

Nachdem wir den Nachlass und die Vorsteuer ausgerechnet haben, errechnen wir den Betrag, den wir an den Lieferanten noch überweisen müssen.

Entweder rechnen wir 568,45 € minus 3 % oder wir nehmen unser Ergebnis zur Hilfe und rechnen 568,45 € minus 17,05 €. Wir kommen dann auf ein Ergebnis von 551,40 €.

Als Buchungssatz sieht unsere Rechnung wie folgt aus:

Verbindlich. 568,45 €	an	Nachlässe f Roh. 14,33 €
	an	Vorsteuer 2,72 €
	an	Bank 551,40 €

Bei manchen Lieferungen fallen Bezugskosten an. Diese können Transportkosten, Verpackungskosten oder Transportversicherungen sein. Diese werden entweder auf der Rechnung hinzuaddiert oder werden auf eine eigene Rechnung geschrieben. Bezugskosten werden immer auf ein extra Konto gebucht.

Der Buchungssatz für **Bezugskosten** lautet wie folgt:

Bezugskosten f. Rohstoffe

Vorsteuer	**an**	**Verbindlichkeiten**

Als nächstes erklärt mir Frau Klug die Buchungen im Verkauf.

Der „**Normale**" Buchungssatz im Verkauf lautet wie folgt:

Forderungen (Fo)	**an**	**Umsatzerlöse**
		Umsatzsteuer

Es kann auch vorkommen, dass ein Kunde von uns beschädigte oder falsche Waren bekommt. In diesem Fall senden sie die Waren an uns zurück.

Der Buchungssatz für eine **Rücksendung** lautet wie folgt:

Umsatzerlöse

Umsatzsteuer   **an**   **Forderungen**

Wie bei den Einkaufsbuchungen ist der Buchungssatz für eine Rücksendung wie der „Normale" nur umgekehrt.

Bei manchen Kunden gewähren wir auch nachträglich einen Nachlass oder gewähren einen Bonus.

Der Buchungssatz für **Nachlässe und Boni** lautet wie folgt:

Erlösberechtigung

Umsatzsteuer   **an**   **Forderungen**

Genau wie bei den Einkaufsbuchungen ist es ganz wichtig, dass auch hier auf das richtige Konto gebucht wird. Es muss darauf geachtet werden, dass auf das Konto Erlösberechtigungen für eigene Erzeugnisse gebucht wird.

Wir gewähren unseren Kunden in der Regel 2 % Skonto, wenn sie innerhalb von 14 Tagen zahlen.

Der Buchungssatz für **Skonti** lautet wie folgt:

Erlösberichtigung

Umsatzsteuer

Bank   **an**   **Forderungen**

Wir stellen uns vor, das wir unserem Kunden eine Rechnung geschickt haben mit einem Bruttobetrag von 635,65 €. Der Kunde bezahlt die Rechnung nach 5 Tagen, mit Abzug von 2 % Skonto.

Die Rechnung geht wie folgt:

2 % von 635,65 € sind 12,71 €.

Die 12,71 € sind wieder unsere 119 %. Diese müssen wieder aufgeteilt werden. Wir teilen dieses Mal nicht in Vorsteuer und Nachlässe auf, sondern in Erlösberichtigung und Umsatzsteuer.

Wir rechnen wie folgt:

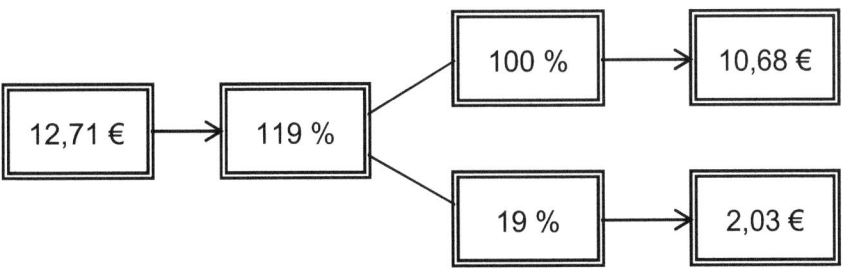

Wenn wir alles ausgerechnet haben sieht unser Buchungssatz wie folgt aus:

Erlösberichtigung 10,68 €

Umsatzsteuer 2,03 €

Bank 622,94 €   an   Forderungen 635,65 €

Bezugskosten (Transportkosten, Transportversicherungen usw.), die wir für unsere Kunden zahlen sind Aufwendungen wie Löhne, Miete, etc. und werden wie solche gebucht. Zur besseren Verständnis siehe das Kapitel Aufwands- und Ertragskonten.

Übersicht über die Buchungssätze

	Einkauf	Verkauf
„Normal"	Rohstoffe Vorsteuer an VBL	Fo an Umsatzerlöse an Umsatzsteuer
Rücksendung	VBL an Rohstoffe an Vorsteuer	Umsatzerlöse Umsatzsteuer an Fo
Nachlass/ Bonus	VBL an Nachlässe f. Roh. an Vorsteuer	Erlösberichtigung Umsatzsteuer an Fo

Skonto	VBL an Nachlässe f. Roh.
	            an Vorsteuer
	            an Bank
		Erlösberichtigung
		Umsatzsteuer
		Bank an Fo

Bezugskosten	Bezugskosten f. Roh. Vorsteuer an VBL	Bezugskosten, die wir für unsere Kunden zahlen sind Aufwendungen wie Löhne, Miete, etc.

Übungsaufgaben zum Thema Ein- und Verkaufsbuchungen

Einkauf

1. Aufgabe

Wir haben 160 Holzbretter, mit einem Nettostückpreis von 3,34 €, geliefert bekommen. Nach dem einbuchen stellen wir fest, dass die Ware beschädigt wurde. Wir vereinbaren mit unserem Lieferanten, dass wir die komplette Ware zurücksenden.

Buche den Einkauf und die Rücksendung.

2. Aufgabe

Unser Lieferant sendet uns erneut 180 Holzbretter. Wir kaufen zu einem Bruttopreis von 705,56 € ein. Aufgrund der vorherigen Lieferung bekommen wir einen nachträglichen Nachlass von 10%.

Buche den Einkauf und den Nachlass.

3. Aufgabe

Wir überweisen die ausstehende Rechnung über die 180 Holzbretter, unter Berücksichtigung des Nachlasses und unter Abzug von 3% Skonto.

Buche die Rechnung.

4. Aufgabe

Wir bekommen neue Bildschirme zu einem Bruttopreis von 4.865 €. Es fallen Transportkosten und Transportversicherungen zu einem Gesamtwert von 65 € brutto an.

Buche die Bezugskosten.

Verkauf

1. Aufgabe

Wir verkaufen einem unserer Kunden zwei Tische zu einem Gesamtbruttopreis von 564,90 €. Beim Verladen werden die Tische beschädigt. Der Kunde schickt uns die zwei beschädigten Tische zurück.

Buche den Verkauf und die Rücksendung.

2. Aufgabe

Unser Großkunde Möbelhaus Richter hat einen Jahresumsatz von 185.000 € netto im letzten Jahr, bei uns, gemacht. Wir gewähren ihm einen Bonus von 5% auf seinen Umsatz.

Buche den Bonus.

3. Aufgabe

Wir verkaufen an unseren Kunden Einrichtungshaus Schneider Holzmöbel. Sie haben einen Gesamtwert von 8.655,45 € brutto. Wir gewähren unserem Kunden 2% Skonto, wenn er innerhalb von 14 Tagen bezahlt. Das Einrichtungshaus überweist nach fünf Tagen, unter Abzug des Skontos, die Rechnung.

Buche den Zahlungseingang.

Lösungen:

Lösungen zum Kapitel Bilanz:

Summe des Vermögens: 143.705.000 €

Summe der Schulden: 12.600.000 €

Eigenkapital: 131.105.000 €

Aktiva	Bilanz zum 31. Dezember	Passiva
I. Anlagevermögen	I. Eigenkapital 131.105.000	
1. Grundst. u. Bauten	II. Schulden	
120.000.000	2. Darlehen 10.225.000	
2. Fuhrpark 180.000	3. Verbindlichk. 2.375.000	
3. TA und Maschinen		
1.300.000		
4. BGA 1.070.000		
II. Umlaufvermögen		
1.Rohstoffe 3.240.000		
2. Fertige Erzeugnisse		
15.400.000		
Kassenbestand 15.000		
4. Bankguthaben 2.500.000		
143.705.000	**143.705.000**	

Lösungen zum Kapitel Aktiv- und Passivkonten

Bestandskonten	Aktiv	Passiv
Fuhrpark	X	
Bankguthaben	X	
Darlehen		X
Kassenbestand	X	
Hilfsstoffe	X	
Verbindlichkeiten		X
Grundstücke und Gebäude	X	
Betriebsstoffe	X	
Forderungen	X	
Hypothekenschulden		X

Lösungen zum Kapitel Fremdkapital

1. Erst werden die langfristigen Verbindlichkeiten, wie z.B. Hypotheken- und Darlehensschulden aufgeführt, dann die kurzfristigen Verbindlichkeiten, wie z.B. Verbindlichkeiten a. LL.

2. Eigenkapital

   a. Hypotheken

   b. Darlehen

   c. Langfristige Verbindlichkeiten

   d. Kurzfristige Verbindlichkeiten

3. Auf der Passiva

4. Eigenkapital = Vermögen – Fremdkapital

   Fremdkapital = Vermögen – Eigenkapital

5.

Aktiva	Passiva
Anlagevermögen	**Eigenkapital**
Grundstücke, Bauten	
TAMA	**Fremdkapital**
Fuhrpark	Hypotheken
BGA	Darlehen
Umlaufvermögen	Verbindlichkeiten
Rohstoffe	
Unfertige Erzeugnisse	
Fertige Erzeugnisse	
Forderungen	
Kasse	
Bank	

Lösungen zum Kapitel Liquidität

Aufgabe 1

Anlagevermögen:

- Grundstücke
- Fuhrpark
- Büro- und Geschäftsausstattung

Umlaufvermögen:

- Rohstoffe
- Hilfsstoffe
- Betriebsstoffe
- Handelswaren
- Forderungen aus Lieferung & Leistungen
- Kasse
- Bank
- Postbank

Aufgabe 2

Liquidität 1. Grades =

$$\frac{(100.000,00 + 20.000,00) * 100}{360.000,00}$$

= 33,3 %

Liquidität 2. Grades =

$$\frac{(100.000,00 + 20.000,00 + 300.000,00) * 100}{360.000,00}$$

= 116,7 %

Liquidität 3. Grades =

$$\frac{960.000,00 * 100}{360.000,00}$$

= 266,7 %

Lösungen zum Kapitel Buchungssätze

Betrachten wir den ersten Buchungssatz einmal mit Kontrolle der fünf Regeln.

Welche Konten sind Betroffen? Ohne Zweifel geht es hier unter anderem um **Rohstoffe.** „Auf Ziel" bedeutet man bezahlt einen Betrag nicht direkt vor Ort, sondern bekommt ein Fälligkeitsdatum (Rechnung). Damit hat man dem Lieferanten Gegenüber eine **Verbindlichkeit.**

Was für Konten sind das? Rohstoffe stehen auf der **Aktiv-,** Verbindlichkeiten auf der **Passivseite.**

Wie wirkt sich die Buchung auf die Konten aus? Durch den Kauf von Rohstoffen nehmen diese auf unserer Seite zu. Verbindlichkeiten, sprich Schulden, nehmen ebenfalls zu, da in diesem Geschäftsvorgang nur der Kauf betroffen ist, nicht die Bezahlung.

Wo wird was gebucht? Die Rohstoffe stehen also im Soll, die Verbindlichkeiten im Haben. Der Buchungssatz lautet also:

1. Rohstoffe 100,00 €   an   Verbindlichkeiten 100,00 €

2. Verbindlichkeiten 3.500,00 €   an   Bank 3.500,00 €

3. Bank 500,00 €   an   Forderungen 500,00 €

4. Bank 20.000,00 €   an   Darlehen 20.000,00 €

5. Forderungen 395,99 €   an   Umsatzerlöse 395,99 €

6. Bank 395,99 €   an   Forderungen 395,99 €

7. Fuhrpark 25.000,00 €   an   Verbindlichkeiten 25.000,00 €

8. BGA 3.000,00 €   an   Bank 3.000,00 €

9. Forderungen 200,00 €   an   Rohstoffe 200,00 €

10. Verbindlichkeiten 8.500,00 €   an   Bank 8.500,00 €

Lösungen zum Kapitel Schlussbilanzkonto

S	Kasse		H
AB	24.900 €	3.	1.000 €
		SBK	23.900 €
	24.900 €		**24.900 €**

S	Rohstoffe		H
AB	86.000 €	SBK	102.000 €
1.	15.000 €		
3.	1.000 €		
	102.000€		**102.000 €**

S	Bank		H
AB	129.300 €	SBK	154.600 €
2.	25.300 €		
	154.600 €		**154.600 €**

S	Verbindlichkeiten		H
SBK	60.000 €	AB	45.000 €
		1.	15.000 €
	60.000 €		**60.000 €**

S	Eigenkapital		H
SBK	40.000 €	AB	40.000 €
	40.000 €		**40.000 €**

S	Darlehen		H
SBK	180.500 €	AB	155.200 €
		2.	25.300 €
	180.500 €		**180.500 €**

S	Schlussbilanzkonto		H
Kasse	23.900 €	Verbindlichkeiten	60.000 €
Rohstoffe	102.000 €	Eigenkapital	40.000 €
Bank	154.600 €	Darlehen	180.500 €
	280.500 €		**280.500 €**

Lösungen zum Kapitel Vorsteuer und Umsatzsteuer

1. Fuhrpark 22.000,00 €   an   Bank 26,180,00 €
   Vorsteuer 4.180,00 €

2. Aufw. f. Roh. 17.250,00 € an   Kasse 20.527,50 €
   Vorsteuer 3.277,50 €

3. Ford. a. LL 2.231,25 €   an   Umsatzerlöse 1.875,00 €
   Umsatzsteuer 356,25 €

4. BGA 1.400,00 €   an   VB a. L 1.666,00 €
   Vorsteuer 266,00 €

5. Umsatzsteuer 1.200,00 € an   Bank 1.200,00 €

6. Zeitungen 54,00 €   an   Bank 57,78 €
   Vorsteuer 3,78 €

7. Bank 1.850,00 €   an   Vorsteuer 1.850,00 €

8. Zeitungen 115,00 €   an   Bank 123,05 €
   Vorsteuer 8,05 €

9. Bank 3.000,00 €   an   Vorsteuer 3.000,00 €

Lösungen zum Kapitel Aufwand und Ertragskonten

1. Forderungen 1.000 € an   Umsatzsteuer 159,66 €

                         an   Umsatzerlöse 840,34 €

2. Aufw. f. Roh. 1.500 € an   Rohstoffe 1.500 €

3. Bank 250 €   an   Zinserträge 250 €

4. Hilfsstoffe 2100,84 € an   Verbindlichkeiten 2.500 €

Vorsteuer 399,16 €

5. Aufwendungen für Energie 600 €

Vorsteuer 114 €   an   Bank 714 €

6. Löhne 35.000 €   an   Bank 35.000 €

7. Büromaterial 350 €

Vorsteuer 66,50 €   an   Kasse 416,50 €

8. Fremdinstandhaltung 378,15 €

Vorsteuer 71,85 €   an   Kasse 450 €

Lösungen zum Kapitel GuV-Konto

1. GuV   an   Aufwendungen für Betriebsstoffe

2. Umsatzerlöse für Waren

                         an   GuV

3. GuV   an   Aufwendungen für Energie

4. Zinserträge   an   GuV

5. GuV   an   Eigenkapital

Lösungen zum Kapitel Ein- und Verkaufsbuchungen

Einkauf

1. Aufgabe

Einkauf:

Rohstoffe 534,40 €

Vorsteuer 101,54 € an Verbindlichkeiten 635,94 €

Rücksendung:

Verbindlichkeiten 635,94 € an Rohstoffe 534,40 €

         an Vorsteuer 101,54 €

2. Aufgabe

Einkauf:

Rohstoffe 592,91 €

Vorsteuer 112,65 € an Verbindlichkeiten 705,56 €

Nachlass:

Verbindlichkeiten 70,56 € an Nachlässe f. Roh. 59,29 €

         an Vorsteuer 11,27 €

3. Aufgabe

Verbindlich. 635 € an Nachlässe f. Roh. 16,01 €

        an Vorsteuer 3,04 €

        an Bank 615,95 €

4. Aufgabe

Bezugskosten f. Roh. 54,62 €

Vorsteuer 10,38 €   an   Verbindlichkeiten 65 €

Verkauf

1. Aufgabe

Verkauf:

Forderungen 564,90 €   an   Umsatzerlöse 474,71 €

                                an   Umsatzsteuer 90,19 €

Rücksendung:

Umsatzerlöse 474,71 €

Umsatzsteuer 90,19 €   an   Forderungen 564,90 €

2. Aufgabe

Erlösberichtigung 9.250,00 €

Umsatzsteuer 1757,50 €   an   Forderungen 11007,50 €

3. Aufgabe

Erlösberichtigung 145,47 €

Umsatzsteuer 27,64 €

Bank 8482,34 €   an   Forderungen 8655,45 €